Para

com votos de paz

/   /

Nilson de Souza Pereira (à frente) e Divaldo Franco com crianças da Mansão do Caminho, obra social que atende a mais de cinco mil pessoas por dia.

NILSON DE SOUZA PEREIRA

TERAPIA ESPÍRITA PARA OS DESENCARNADOS

LEAL

SALVADOR
6ª edição – 2024

COPYRIGHT ©(1998)
CENTRO ESPÍRITA CAMINHO DA REDENÇÃO
Rua Jayme Vieira Lima, 104
Pau da Lima, Salvador, BA.
CEP 412350-000
SITE: https://mansaodocaminho.com.br
EDIÇÃO: 6. ed. – 2024
TIRAGEM: 3.000 exemplares (milheiro: 8.000)
COORDENAÇÃO EDITORIAL
Lívia Maria C. Sousa

REVISÃO
Adriano Ferreira · Lívia C. Sousa · Plotino da Matta
CAPA
Ailton Bosco
MONTAGEM DE CAPA
Ailton Bosco
EDITORAÇÃO ELETRÔNICA
Marcus Falcão
COEDIÇÃO E PUBLICAÇÃO
Instituto Beneficente Boa Nova

PRODUÇÃO GRÁFICA
LIVRARIA ESPÍRITA ALVORADA EDITORA – LEAL
E-mail: editora.leal@cecr.com.br

DISTRIBUIÇÃO
INSTITUTO BENEFICENTE BOA NOVA
Av. Porto Ferreira, 1031, Parque Iracema. CEP 15809-020
Catanduva-SP.
Contatos: (17) 3531-4444 | (17) 99777-7413 (WhatsApp)
E-mail: boanova@boanova.net
Vendas on-line: https://www.livrarialeal.com.br

Dados Internacionais de Catalogação na Publicação (CIP)
(Catalogação na fonte)
BIBLIOTECA JOANNA DE ÂNGELIS

N712t PEREIRA, Nilson de Souza.
Terapia Espírita para os desencarnados. 6. ed. Nilson de Souza Pereira. Salvador: LEAL, 2024.
52 p.
ISBN: 978-65-86256-61-1
1. Religião 2. Espiritismo 3. Sessões mediúnicas
I. Título II. Nilson de Souza Pereira
CDD: 133.9

Bibliotecária responsável: Maria Suely de Castro Martins – CRB-5/509

DIREITOS RESERVADOS: todos os direitos de reprodução, cópia, comunicação ao público e exploração econômica desta obra estão reservados, única e exclusivamente, para o Centro Espírita Caminho da Redenção. Proibida a sua reprodução parcial ou total, por qualquer meio, sem expressa autorização, nos termos da Lei 9.610/98.
Impresso no Brasil | Presita en Brazilo

SUMÁRIO

Prefácio 9

Nilson de Souza Pereira – Uma vida dedicada ao amor...15

As mãos polivalentes de Nilson de Souza Pereira............ 29

Terapia espírita para os desencarnados 35

Glória da imortalidade 47

PREFÁCIO

Durante o Congresso Mundial de Espiritismo, em Lisboa, Portugal, no ano de 1998, organizado pelo Conselho Espírita Internacional, a Editora LEAL apresentou ao grande público presente o opúsculo escrito por Nilson de Souza Pereira, intitulado *Terapia espírita para os desencarnados*.

A pequena obra, modesta em sua aparência, era resultado de mais de 50 anos de estudos e vivências doutrinárias no trato com os desencarnados em sofrimento no Além-túmulo, assim como com Espíritos obsessores trazidos às reuniões do Centro Espírita Caminho da Redenção (CECR), em Salvador (BA), para o devido atendimento que se lhes tornava de urgência.

Estudioso das obras básicas do Espiritismo e daquelas que lhe são complementares, Nilson, em sua simplicidade, adquiriu conhecimentos relevantes sobre a Doutrina Espírita, vivenciando no dia a dia da sua existência na Mansão do Caminho, que houvera fundado conosco e outros amigos no ano de 1952, tudo aquilo que havia aprendido na Codificação.

Possuidor de incontáveis recursos como administrador não especializado e realizador de obras, tornou-se o eixo central da Instituição, cujos colaboradores movimentavam-se à sua volta, edificando todas as construções que nela existem.

Gentil e afável, portador de fé inabalável, conforme a definição de Allan Kardec, revelou também grande capacidade para expor a Mensagem Espírita com beleza, embora a sua ausência de formação acadêmica, sensibilizando sempre o auditório da nossa Casa.

Ativo, tornou-se o mestre de todas as crianças que passaram pelo nosso lar, auxiliando-as na construção da cidadania ao mesmo tempo que adquiriam uma profissão digna por ele ensinada, ao lado dos estudos convencionais em nossas escolas de ensino fundamental.

Certamente, não se trata de uma obra portadora de revelações espantosas ou de significados profundos, no entanto é rica de orientação para o entendimento complexo do comportamento daqueles que, despreparados moralmente, atravessaram a fronteira de cinza e de lama do túmulo, direcionando-se ao Mundo espiritual com ternura e sabedoria, que se transformaram em abençoada psicoterapia libertadora...

O pequeno livro tem recebido grande acolhida por parte dos interessados e estudiosos do tema.

Agora reaparece com nova edição, revisto e aumentado com pinceladas biográficas sobre o dedicado trabalhador de Jesus, graças à gentileza da jornalista paulistana Ana Landi, que se encarregou de realizar pesquisa acerca do amigo e benfeitor de muitas vidas.

Somos suspeito para falar a respeito do conteúdo do livro e do amigo incomum com quem convivemos há 68 ininterruptos anos, constatando a excelência do seu caráter e do seu comportamento eminentemente cristão-espírita.

A ele devemos, pessoalmente, dedicação e bondade, lições de sabedoria e exemplos de fé, que se me insculpiram na mente e no coração, auxiliando-me na execução da modesta jornada com a qual ainda me encontro comprometido.

Nilson não é, portanto, um teórico apenas, mas alguém que tem vivido as experiências e propostas edificantes exaradas na Codificação do Espiritismo.

Confiamos na bondade dos caros leitores que nos honrarem com a sua análise da obra, conhecendo um pouco a vida daquele que a escreveu.

Rogamos ao senhor de nossas vidas que a todos nos abençoe, na condição de servidor dedicado de sempre,

DIVALDO PEREIRA FRANCO
Salvador, 26 de julho de 2013.

Nilson de Souza Pereira na década de 1960...

...e nos anos 2000.

NILSON DE SOUZA PEREIRA

UMA VIDA DEDICADA AO AMOR

Assim que chegou à capital baiana, em 1945, Divaldo Pereira Franco hospedou-se temporariamente na casa de Ana Ribeiro Borges, a médium de Salvador que o havia apresentado ao Espiritismo em Feira de Santana, onde o jovem ainda residia com a família pobre e numerosa.

Meses antes, Dona Naná, como era conhecida, passava férias na cidade natal de Divaldo, quando foi chamada pelos parentes do jovem para uma última tentativa de curá-lo da inexplicável paralisia que já o prendia à cama por mais de seis meses. Excelente médium, ela logo notou se tratar de um problema espiritual causado pela presença perturbadora de José, um dos irmãos do garoto, morto precocemente, vítima de um aneurisma.

Durante a visita, Naná aplicou-lhe passes e recomendou a visita a um centro espírita – o que Divaldo fez a contragosto, com um terço nas mãos, arrastado pela mãe. Também passou a insistir para que ele se mudasse para a capital, em busca de trabalho e educação para sua mediunidade ostensiva e ainda sem controle.

Próximo à casa de Ana havia uma pequena escola de datilografia. Funcionava na residência da proprietária, dona Elenita dos Santos, e também fazia as vezes de modesta pensão.

Divaldo Franco aos 17 anos.

Sabendo que Divaldo procurava emprego e moradia definitiva, a senhora ofereceu-lhe um quarto e perguntou se ele gostaria de lecionar português e alguns rudimentos de inglês aos alunos que se matriculassem nos cursos oferecidos pela pequena instituição. Muitos buscavam as aulas, então em alta no mercado de trabalho, sem dominar as regras básicas do vernáculo.

O serviço adicional poderia ser contratado mediante uma pequena quantia. Divaldo aceitou imediatamente. Não estava em condições de recusar nada. Já em seus primeiros dias na nova atividade, um jovenzinho moderno entrou para se matricular. Chegou acompanhando de mais dois colegas. O professor ainda não sabia, mas aquele rapaz iria se tornar seu braço direito por toda a vida: **Nilson de Souza Pereira**.

Nilson, aos 18 anos, telegrafista da Marinha.

Nascido em 26 de outubro de 1924, em Plataforma, subúrbio de Salvador, tinha três anos a mais que o médium e trabalhava como telegrafista da Marinha. Acreditava que o curso de datilografia lhe poderia abrir novas oportunidades.

Em maio daquele mesmo ano de 1945, Nilson apareceu muito triste em uma das aulas. O tema era advérbios. No meio das explicações, caiu em um choro compulsivo.

Divaldo foi à sua carteira saber o que acontecia. O aluno contou que o pai se encontrava muito doente, à beira da morte, já desenganado pelos médicos. O professor arriscou:

– *Vocês acreditam no Espiritismo, Nilson?*

O jovem disse que não, que ele e toda a família eram católicos.

– *Pois eu acredito. Sou médium, falo com os Espíritos. Se você quiser, posso ir com você até sua casa depois das aulas e tentar ajudar.*

Nilson aceitou. Morava no bairro Palmeira, junto do Uruguai. O pai, José Leocádio Pereira, marinheiro como o filho, estava afastado pelos problemas de saúde. Nem bem entrou na casa, Divaldo notou que o caso era grave. Uma Entidade terrível o espreitava.

Um Espírito nobre, que só se identificaria mais tarde como o abnegado médico Bezerra de Menezes, apareceu ao médium, recomendando passes e um medicamento homeopático.

Enquanto Nilson corria à farmácia a fim de comprar o remédio receitado pelo benfeitor, Divaldo iniciou os passes. Fez assim naquele e nos três dias seguintes. Pouco a pouco, José melhorou.

Foi suficiente para que nascesse ali uma amizade entre Divaldo e Nilson que, em quase 70 anos, não sofreria um único abalo.

Nilson começou a frequentar as reuniões mediúnicas e de leitura do Evangelho na casa de Dona Ana Ribeiro Borges. Quando Divaldo mudou-se para a pensão de Dona Elenita, passou a dividir o quarto simples com o amigo.

Tornaram-se inseparáveis. Estiveram lado a lado em todas as realizações, conquistas e decepções. Nilson assistiu à primeira palestra de Divaldo, em 1947, na cidade de Aracaju (SE), testemunhou sua primeira psicografia e fundou com o amigo o Centro Espírita Caminho da Redenção (CECR), em 1947, e a Mansão do Caminho, em 1952.

Nilson e Divaldo, em 1968.

Quando as obras foram transferidas para Pau da Lima, periferia de Salvador, em 1956, foi o executor de todas as edificações.

Ouviu com Divaldo as primeiras recomendações do Mundo espiritual sobre o modelo a ser seguido e adaptou as orientações dos guias, erguendo prédios e departamentos.

A grande preocupação de Nilson sempre foi com a segurança de Divaldo. Naqueles anos, dono de uma mediunidade ainda desordenada, Divaldo sofria mais do que nunca o assédio de várias Entidades espirituais. "Máscara de Ferro" era o mais constante.

Com frequência, influenciava tão duramente o jovem que o fazia entrar em transe, correndo todo tipo de perigo. Em várias ocasiões, empurrava-o violentamente na frente de carros e outros veículos, induzia-o a entrar na condução errada – sempre para lugares ermos –, ou fazia com que esquecesse o endereço de casa, para deixá-lo em pânico.

Temendo que algo ruim pudesse acontecer, Nilson começou a segui-lo. E, a cada perigo, intervinha. As situações tornavam-se mais numerosas a cada dia.

Certa noite, Divaldo teve uma visão horrível. Dormia quando foi despertado pela imagem de um homem que ateava fogo à sua cama com fósforos. Sentiu as chamas começarem a arder, inflamando o colchão e o próprio corpo.

Instintivamente, saltou pela janela – moravam próximo da praia – e correu, sob um tipo de indução hipnótica, em direção ao mar. Era madrugada e não havia ninguém por perto. As primeiras ondas molharam os pés, mas ele prosseguiu.

Nilson, que dormia no mesmo quarto velando o amigo, acordou assustado. Notou a cama vazia e a janela aberta. Saiu desesperado e o encontrou já no mar, caminhando em direção ao fundo. Tentou agarrá-lo. Através do médium, a voz gutural e assustadora de "Máscara de Ferro" respondeu:

– *Não me toque.*

Nilson tentou mais uma vez.

– *Não me toque!*

Ao tentar segurá-lo, uma força descomunal fez com que fosse jogado ao chão. Percebeu que, se insistisse, teria de lutar muito, machucando Divaldo de forma brutal. Nesse momento, sentiu inspiração. Notou que "Máscara de Ferro" o induzia a adentrar o mar, mas que provavelmente o deixaria assim que Divaldo alcançasse uma profundidade em que não mais tivesse pé. A ideia era fazer com que, ao se desesperar, o médium se afogasse.

Nilson começou a orar e a entrar lentamente na água, "escoltando" o amigo, enquanto a Entidade repetia cada vez mais assustadora:

– *Não me toque!*

Já com o corpo quase inteiramente mergulhado na água salgada, "Máscara de Ferro" o deixou. As primeiras ondas bateram no rosto de Divaldo e o fizeram despertar. Ao se dar conta da situação, ficou desesperado, pois nunca soube nadar. Nilson, ao contrário, exímio nadador, atirou-se contra as ondas e o resgatou, retirando-o da água.

Na areia, Divaldo viu o Espírito, com aspecto dominador, avisando que não adiantava resistir.

Não seria a última vez que "Máscara de Ferro" ou outros inimigos invisíveis tentariam conduzir Divaldo ou um de seus colaboradores aos perigos do mar.

Em 1965, em um passeio pela praia com crianças assistidas pela Mansão do Caminho, os dois amigos descansavam após o almoço, quando o médium ouviu gritos desesperados. Chamou aos berros:

– *Nilson, tem alguém se afogando.*

Joanna de Ângelis – guia espiritual de Divaldo – apareceu e avisou que duas voluntárias, espécie de mães substitutas das crianças, Maria Seippel e Carmem Prazeres, corriam perigo de vida. Haviam se sentado em uma canoa que, com a maré-cheia, começou a ser puxada para o alto-mar, sob a ação de forte corrente marítima. Maria segurou-se ao bote, mas Carmem, muito nervosa, pulou tentando salvar-se.

Mais uma vez, Nilson era o único que sabia nadar. Atirou-se ao mar e resgatou primeiramente a mulher que se debatia na água. Quando se preparava para voltar, Divaldo viu Joanna no mar, virada para a praia, abrindo seu manto, tomando uma posição como se empurrasse a pequena embarcação de volta à areia.

Com a ajuda, Nilson conseguiu empurrar o pequeno barquinho até a praia, estirando-se exausto na areia. Mais uma vez, "Máscara de Ferro" estava lá.

Tempos depois, quando a situação financeira permitiu, Divaldo trouxe a família para morar em Salvador. Alugaram uma casinha na mesma rua em que a família de Nilson já residia. A amizade entre Anna Franco e Dona Marieta, mãe de Nilson, foi tal que ambas se tornaram inseparáveis. Caminhavam de mãos dadas rumo à feira.

O fato de um chamar a mãe do outro de "tia" gerou a lenda de que seriam primos. Diante da insistência e dos sucessivos questionamentos sob o suposto laço familiar, Nilson e Divaldo passaram a "confirmar" o "parentesco". Era mais fácil do que dar longas – e inúteis – explicações.

Além do comportamento empreendedor e prático, Nilson sempre foi excelente doutrinador. Teve sua mediunidade mais ostensiva bloqueada pelos bons Espíritos para que desse suporte à de Divaldo. Tornou-se um dos melhores terapeutas de desencarnados que o Movimento Espírita conheceu. Envolvia-se de tal forma com os sofredores que, não raro, chegava às lágrimas.

Aprendeu boa parte sobre o tema na prática. No início dos trabalhos, as reuniões mediúnicas eram feitas de forma bastante intuitiva. Inexperientes, os dois rapazes viam-se diante de manifestações violentas, sem controle.

Um desses Espíritos compareceu aos encontros durante meses. Era tão perturbado que marcou até mesmo um sempre sereno Nilson. Ele se recordaria anos depois de que as reuniões em que a Entidade se mostrava presente o deixavam apavorado. Mais uma vez, seu temor era pela segurança de Divaldo.

O médium debatia-se, era jogado ao chão. A saída foi forrar parte da sala com almofadas a fim de que ele não se machucasse. Depois de várias tentativas para acalmar a Entidade, adotaram uma solução extrema. Por meio de um processo que Nilson chamou de sugestionamento, conseguiram imobilizar o Espírito, fazendo com que ele se enxergasse atado, preso. Durante muitos anos, essa Entidade teria de conviver com suas próprias vítimas desencarnadas, até que o arrependimento possibilitasse o socorro definitivo. Naquele momento, a solução dura mostrou-se a única possível.

Diante dos desafios, alguns guias passaram a intervir mais constantemente. Os sinais mais frequentes eram os Espíritos Manuel Silva e Simbá. Com o amadurecimento da mediunidade de Divaldo, Joanna de Ângelis assumiria definitivamente o papel de mentora, em um primeiro momento ainda sob o pseudônimo de Um Espírito Amigo.

A veneranda sempre mostrou um carinho especial por Nilson. Em 1978, durante uma viagem a Roma, Divaldo e Nilson visitavam as ruínas do Fórum Romano e o Coliseu, quando Joanna apareceu para Divaldo. Recomendou que subissem até uma parte mais alta das construções. Lá relembrou quando Nero havia pedido que a cidade fosse iluminada com os corpos dos cristãos em chamas. Na ocasião, homens, mulheres e crianças foram queimados vivos com os corpos besuntados com um tipo de combustível que ardia com facilidade.

Tocada pelas lembranças, a mentora contou ter sido Joana – umas das piedosas mulheres do Evangelho e que havia sido queimada viva junto ao filho mais novo e mais de 500 cristãos.

Segundo Lucas, 8:2-3, Joana era esposa do intendente Cusa, alto funcionário e procurador de Herodes Antipas. Atormentada por uma vida que julgava vazia e um marido indiferente e violento, teria procurado Jesus em busca de orientação e consolo. Moradora de Jerusalém, foi ao encontro do Messias às margens do Mar da Galileia, guiada por uma escrava. Nunca mais seria a mesma.

Escondida de Cusa, passou, então, a conviver diariamente com Maria, Maria Madalena e Suzana, às quais prestava assistência dispondo de seus bens. Em Lucas, 24:10, é mencionada também entre as mulheres que, na manhã de Páscoa, tendo ido ao sepulcro de Jesus, encontraram-no vazio.

Referências espíritas estão disponíveis no livro *Boa Nova*, do Espírito Humberto de Campos, psicografado por Chico Xavier. Em todo o capítulo 15 é narrada a conversa de Joana com Jesus. Ela teria manifestado seu desejo de abandonar tudo e segui-lO. A resposta de Jesus teria sido para que ela voltasse para casa, cumprisse com seus compromissos e amasse o marido.

Apenas após a morte do intendente, que havia caído em desgraça e perdido toda a fortuna, Joana pôde, enfim, dedicar-se totalmente à caridade. Manteve a condição de patrícia, mas precisou empregar-se em casas ricas. Nesse período, teria se aproximado também dos apóstolos João, Pedro e, posteriormente, Paulo.

Durante seu martírio, no Circo Romano, Joana e o filho tiveram os corpos amarrados a postes. Ao ser instada a negar Jesus, recusou-se a abjurar, mesmo após os apelos desesperados do filho, que pedia à mãe que salvasse as vidas de ambos.

Em seu livro, Humberto de Campos cita apenas um dos filhos de Joana. Para Divaldo, no entanto, Joanna de Ângelis revelou: eram dois. Nilson foi o filho que morreu com ela na fogueira.

Divaldo conta que, curiosamente, antes da revelação, Nilson sempre havia tido muita dificuldade em amar Jesus, mesmo tendo se tornado espírita. Dizia que O aceitava, mas não conseguia ter por Ele a mesma ternura do amigo.

Também por interessante coincidência, o momento da revelação feita por Joanna ocorreu no mesmo dia e hora que, séculos antes, no ano de 68 d.C., acontecera o martírio de Joana e seu filho: uma tarde do dia 27 de agosto.

Ainda segundo a mentora, os vínculos entre Joanna, Nilson e Divaldo teriam se reafirmado na época de Francisco de Assis, quando o médium reassumiu seus compromissos com o Evangelho.

Ao sair da Marinha, Nilson, ou Tio Nilson, como é conhecido, virou bancário e, depois, funcionário dos Correios, aposentando-se em 1972. Passou a se dedicar exclusivamente à doutrina, ao Centro Espírita Caminho da Redenção e à Mansão do Caminho. Assumiu a presidência das instituições até 2012, quando se afastou por motivos de saúde.

Toda a família de Nilson tornou-se espírita convicta. O rapaz foi além. Escolheu o anonimato para que o amigo tomasse a frente da obra. Assumia as tarefas de retaguarda, tentando diminuir um pouco o peso das muitas incumbências do médium e as demandas provocadas pela mediunidade.

Foi o pai presente de milhares de crianças; órfãos que chegavam pelas vias mais dramáticas, jogados no lixo, nos portões da Instituição. Mais de 600 delas foram por ele diretamente criadas e orientadas.

Nilson e Divaldo, em 1968.

Suas experiências doutrinárias e de consolo aos sofredores em reuniões mediúnicas ou de atendimento público renderam a participação em várias publicações, entre elas: *A serviço do Espiritismo, ...E o amor continua, Exaltação à vida e Vidas em triunfo*. É autor de *Terapia espírita para os desencarnados,* livro que lançou pessoalmente em Portugal, durante o 2º Congresso Espírita Mundial, em 1998, que ora apresentamos em nova edição.

ANA LANDI
Jornalista

AS MÃOS POLIVALENTES DE
NILSON DE SOUZA PEREIRA

"Se não fossem os braços que se juntaram aos nossos, nós não teríamos o que temos, porque os meus sós não fariam nada."
Nilson de Souza Pereira (Tio Nilson)

Nilson de Souza Pereira, ou Tio Nilson, como é mundialmente conhecido, nasceu em 26 de outubro de 1924, em Plataforma, subúrbio da Cidade do Salvador, na Bahia. Como homem do mundo, era de origem humilde, detentor da sabedoria peculiar aos homens de bem. Filho de José Leocádio Pereira e de Dona Marieta de Souza Pereira, teve vários irmãos. Profissionalmente, foi bancário, telegrafista do Ministério da Marinha e funcionário público dos Correios e Telégrafos, e aposentou-se em 1972.

Como homem universal, a partir de 1945, ele e Divaldo Franco, que estavam com 20 anos e 18 anos respectivamente, orientados pela mentora Joanna de Ângelis, com quem Tio Nilson tem raízes muito profundas, edificaram a admirável obra que hoje é o Centro Espírita Caminho da Redenção, fundado em 7 de setembro de 1947, e a Mansão do Caminho, criada em 15 de agosto de 1952, constituindo-se um empreendimento com variadas atividades. Nessa obra fantástica, que ele presidiu por 46 anos, foi um administrador nato, observador sagaz e meticuloso, que supervisionou, mas jamais deixou de ser amistoso, tendo sido ouvinte atencioso e conselheiro constante.

Na área do livro, Tio Nilson, além da coordenação dos serviços gráficos, de impressão das obras do médium Divaldo Franco, também organizou coletâneas de mensagens por este recebidas de diversos Espíritos, através da psicofonia e da psicografia, muitas delas dirigidas a familiares encarnados, bem como um livro sobre relatos de viagem.

Ele criou vários filhos de outros pais, na valiosa experiência dos antigos lares substitutos da Mansão do Caminho, cuidando deles diariamente, mas, quando podia, acompanhava Divaldo Franco em inúmeras viagens ao exterior, nas atividades de divulgação do Espiritismo para irmãos de outras terras.

Em 1974 deu início à impressão da Revista *Presença Espírita*, hoje um exemplo de qualidade gráfica e de conteúdo doutrinário. Incansável e disciplinadíssimo, além do expediente diário na antiga Gráfica Alvorada, das 7h às 17h, dirigia reuniões mediúnicas nas segundas e quartas, e reuniões doutrinárias nas terças, sábados e domingos, além de participar das reuniões Conversando sobre Espiritismo.

Muitos que participavam de reuniões mediúnicas e doutrinárias dirigidas por Tio Nilson não resistiam a um pensamento: "Certamente era assim que Allan Kardec dirigia as reuniões na Sociedade Parisiense de Estudos Espíritas". Ele passava segurança, serenidade, envergadura moral. É o próprio Divaldo Franco que destaca ainda a sua aptidão e sensibilidade como doutrinador nas reuniões mediúnicas socorristas do CECR: "[...] Dedicou-se à psicoterapia com os desencarnados em sofrimento, sendo um exemplo de humildade e de sabedoria a ser seguido, dialogando com os Espíritos que nos visitam em nossas reuniões [...]". Comumente surgia uma atividade extra, porque seu espírito estava sempre ativo, constantemente produzindo.

Tio Nilson retornou à Pátria espiritual em 21 de novembro de 2013, aos 89 anos. Que ele continue mantendo acesa a chama do seu ideal e do seu lema: "Nunca devemos nos distanciar dos ideais de Francisco de Assis".

A vida de Nilson de Souza Pereira é absolutamente entranhada na edificação, manutenção e história do Centro Espírita Caminho da Redenção (CECR) e de seus desdobramentos espíritas e sociais. Além de cofundador do CECR, da Mansão do Caminho e de vários setores que os compõem e atuar como arquiteto e engenheiro autodidata de todas as suas edificações, ele exerceu a função de tesoureiro nos primeiros 16 anos da Instituição e a presidiu por exatos 46 anos – eleito presidente por 17 biênios e 4 triênios ininterruptamente. Sua última gestão como presidente encerrou-se no ano de 2012, um ano antes de sua desencarnação, que se deu em 21 de novembro de 2013, quando já muito debilitado pela doença que o acometia.

"A renúncia é a emoção dos Espíritos superiores transformada em bênçãos pelo caminho dos homens" – assim a mentora Joanna de Ângelis define a renúncia, em um capítulo do livro *Receitas de paz* (1984) que narra a história do pintor alemão Albrecht Dürer, autor da famosa arte "Estudo para as mãos de um apóstolo", cuja inspiração é captada em um momento de encantamento e gratidão a um amigo que renunciou de sua vida, para ser seu mecenas e possibilitá-lo ser um renomado artista. A obra, também conhecida como "Mãos em prece", marcou visualmente os transeuntes e frequentadores do CECR da antiga Rua Barão de Cotegipe, que, ao adentrarem o casarão, defrontavam-se com uma réplica do mencionado quadro. Nilson de Souza Pereira foi um dos expressos admiradores dessa pintura não só pela sua singular beleza, mas também pela devoção e história que a inspira.

Inspirado pela arte e pela mensagem que ela transmite, Tio Nilson esculpiu, ao sabor de sua emoção, uma bela releitura da obra "Mãos em prece", que, em homenagem à sua trajetória de renúncia e dedicação em prol do CECR, da Mansão do Caminho, da divulgação Doutrina Espírita e da educação de centenas de crianças, foi exposta na parte frontal do cenáculo do CECR, onde ocorrem as reuniões e eventos doutrinários da Instituição.

Não há, portanto, como olhar as mãos esculpidas do cenáculo sem recordar das mãos incansáveis do inolvidável Tio Nilson, que fez de suas próprias mãos ferramentas vivas para uma existência franciscana e oracional, confirmando o que ensina a benfeitora lírica Auta de Souza: "Mãos no trabalho são a prece muda...".

EQUIPE DA EDITORA LEAL
Centro Espírita Caminho da Redenção

TERAPIA ESPÍRITA PARA OS DESENCARNADOS

*Também das cidades circunvizinhas de
Jerusalém afluía uma multidão, trazendo enfermos e
atormentados de Espíritos imundos, os quais eram todos
curados.*

ATOS, 5:16

É de todos os tempos o processo psicoterapêutico aplicado em favor dos Espíritos desencarnados em aflição.

Na intimidade dos santuários da Antiguidade oriental eram realizados intercâmbios espirituais momentosos, nos quais também se apresentavam os perturbados e perturbadores, que recebiam conveniente socorro, sendo afastados daqueles aos quais anatematizavam com suas perseguições, conscientes ou não.

Jesus, na Sua condição de Psicoterapeuta por Excelência, sempre que defrontado pelos infelizes do Além-túmulo, exortava-os à mudança de comportamento, esclarecendo-os e conduzindo-os à conscientização dos atos ignóbeis que praticavam.

Por diversas vezes, dialogou com esses atormentados-atormentadores, demonstrando-lhes a superior qualidade de que se encontrava investido.

Depois de sua morte, os discípulos deram prosseguimento ao ministério, fiéis às lições recebidas, que aplicavam em benefício das Entidades perversas e odientas.

Foi, no entanto, Allan Kardec, o eminente codificador da Doutrina Espírita, em face do desenvolvimento da conquista psicológica, assim como das outras ciências, quem melhor ofereceu os recursos e diretrizes para que se pudesse entender a realidade do Mundo espiritual e aqueles que, enganados em si mesmos, desencarnaram carregando mazelas e desequilíbrios.

Graças ao Espiritismo adquirimos o conhecimento de que, na gênese de todo o processo de sofrimentos humanos, o enfermo é sempre o ser em si mesmo, responsável pelas conquistas e prejuízos que o caracterizam.

A morte, não o liberando da vida, faz que cada qual desencarne conforme viveu a experiência terrena, permanecendo em estado equivalente àquele em que acaba de deixar o corpo.

Assim, acorda-se além do túmulo conforme ocorreu o fenômeno biológico da morte. Não existindo duas vidas iguais, não ocorrem duas desencarnações idênticas, não sucedendo, portanto, dois despertamentos semelhantes.

Em consequência, a perturbação se instala naqueles que da vida somente viveram prazeres, sensualismo, hedonismo, mantendo o egoísmo em primazia, em detrimento do amor e da renovação moral, indispensáveis ao equilíbrio durante o ciclo orgânico com as mesmas características na realidade espiritual.

Como a caridade é a alma do Espiritismo, através da mediunidade retornam os seres amados, mas também aqueles que se equivocaram, trazendo as chagas morais que conduziram, iludidos e perturbados, ou que se tornaram adversários daqueles que de alguma forma os prejudicaram.

Para esses Espíritos infelizes, é proposta uma psicoterapia eficiente, trabalhada no conhecimento da imortalidade da alma, assim como das leis que regem a vida, convidando-os, quando ocorrem as suas comunicações mediúnicas dolorosas, ao refazimento de conceitos e à mudança de comportamento mental e espiritual.

Imantados profundamente às lembranças do corpo somático, sofrem as sensações que já não fazem parte da sua realidade espiritual, experimentando as aflições que os conduziram à desencarnação.

Considerando a situação em que se encontram, torna-se necessária a palavra de conforto e de iluminação, a fim de que a consciência desperte, facultando a aceitação da ocorrência irreversível.

Esse mister, no entanto, não é fácil, exigindo que todos aqueles que se encarregam de exercê-lo estejam equipados de recursos hábeis, a fim de não lhes piorar a situação inferior, antes os libertando das cargas afligentes que os aturdem.

Inicialmente, deve-se ter em conta que a melhor linguagem para qualquer tipo de realização edificante em favor do bem-estar de alguém é o amor, esse sentimento que se exterioriza e é portador de altas cargas de energia saudável, que renova aqueles a quem é direcionado.

Ao mesmo tempo, a palavra ungida de fraternidade e de interesse pela renovação do desencarnado é a ideal, de forma que sejam evitadas as expressões rebuscadas e profundas, por não se tratar de um momento para exibicionismo cultural, que é perfeitamente dispensável.

A preferência deve ser sempre pelo uso de informações claras e concisas, orientando-se o paciente para realizar a autorreflexão, o despertamento íntimo em face da conjuntura na qual se encontra.

De início, é válido ouvir-se primeiro o visitante desencarnado, de modo a poder-se situar na sua problemática, descobrindo o motivo mais perturbador que lhe constituiu desar, tornando-o inditoso.

A seguir, tentar expor que se trata agora de uma situação diferente da habitual, porquanto a vida se desdobra em etapas sucessivas, nas quais o berço e o túmulo desempenham papéis de entrada e saída do corpo, nunca, porém, da vida.

A vida é eterna, portanto não há interrupção, cabendo a cada qual o descobrimento dos seus mecanismos, de modo que possa ser feliz em cada conjuntura, mesmo naquelas aparentemente mais difíceis.

Psicologicamente é válido evitar-se informar que a desencarnação já ocorreu, porquanto, apegado aos despojos materiais, o Espírito luta para reerguê-los, iludido na suposição de que o ocorrido não passou de simples desmaio, portanto continuando na roupagem carnal.

Na maioria dos casos, as fixações da moléstia, dos dramas domésticos e necessidades sociais permanecem dominadoras, levando-o ao delírio, quando não à loucura.

Lentamente, e com segurança, é justo conduzir-se a conversação para que o próprio comunicante em perturbação se dê conta da ocorrência nesse momento, recebendo conveniente orientação para seguir as instruções do seu guia espiritual, que estará ao seu lado, apenas aguardando que se acalme, a fim de fazer-se visível e poder conduzi-lo a uma situação na qual será devidamente amparado e esclarecido.

É indispensável que se evitem discussões improdutivas, quando se tratar de Espírito intelectualizado, que haja vivido no materialismo, propondo-lhe autoexame das diferenças que deve anotar como vivia e agora como se encontra, percebendo não ser ouvido nem atendido, caminhando a sós, sem que seja identificado ou possa fazer-se chamar a atenção.

Quando, nos casos graves de suicídios e homicídios, guerras e tragédias outras, confortar-se com expressões alentadoras, repassadas de confiança, que se farão preparatórias para que os Espíritos superiores possam aplicar os recursos de repouso, recolhendo-os às colônias especializadas, onde despertarão sem as dores que se imprimiram no perispírito, devido à carga de emoções e traumas ocasionados pelo tipo de ocorrência.

Muito consternadores, esses visitantes inspiram grande compaixão, em face do desespero que os assalta, não tendo desfrutado de tempo para entender o fenômeno da morte inesperada e em circunstâncias trágicas.

A comunicação mediúnica, por outro lado, tem por finalidade desencharcá-los do excesso de energias, em razão de ser o médium um absorvente poderoso, que lhes diminui a densidade dos fluidos animais, suavizando as sensações prejudiciais.

Com frequência, surgem as comunicações daqueles que se dizem obsessores e que se comprazem em malsinar e perseguir todos quantos se lhes tornaram adversários, e aos quais não desculparam as ofensas de que foram vítimas, ora investidos da condição de cobradores inclementes que se supõem ser.

Em razão da alucinação em que mergulharam, vitimados pelo ódio fazem-se surdos a quaisquer argumentações, pois que permanecem em monoideias de vingança e destruição, sendo necessárias a paciência e a compaixão, a fim de romper-lhes as barreiras vibratórias densas sob as quais se ocultam.

Portadores de sofismas muito bem elaborados, são hábeis na arte de discutir, gerando polêmicas e agressões que devem ser contornadas com habilidade.

A psicoterapia mais eficaz em seu favor é aquela que dimana de uma argumentação gentil e honesta, que o interesse do atendimento não é para liberar aqueles que lhe padecem a perseguição, mas sim de compaixão pelo próprio algoz, que vem sofrendo desde quando ocorreu o deslize praticado pelo outro até o momento. O sicário de ontem esqueceu, mas a vítima recorda-se e sofre, não sendo justo que permaneça nessa situação de loucura e cobrança, mesmo porque, à medida que assim age, adquire novos comprometimentos para si mesmo, já que as Soberanas Leis da Vida a ninguém deixam em situação ambígua e desconfortável de gerador de problemas.

Aquele que fere e magoa não escapa de si mesmo, sendo sempre alcançado pelos mecanismos da Justiça, que se expressam como enfermidades graves, congênitas ou não, desaires morais, financeiros, sociais, injunções amargas durante a existência, portanto cada um é o construtor do próprio destino mediante atos praticados.

Ademais, cabe informar, a respeito do interesse que se tem, na condição de psicoterapeuta espiritual, qual seja o de libertar aquele que mais sofre, e no caso trata-se do desencarnado, que deve aproveitar a situação de vítima para depurar-se, avançando no rumo da felicidade, sem preocupar-se com aquele que o prejudicou, e que, ao fazê-lo, firmou a sentença dos sofrimentos que irá experienciar inevitavelmente.

Caso persevere o impenitente cobrador, é válida, em alguns casos, a aplicação do recurso da hipnose, fazendo-o recuar no tempo e no espaço, a fim de que constate que aquilo que tanto o magoou não foi um acontecimento isolado, cuja causa está nele mesmo inscrita, quando em existência pretérita se fez devedor, em face da conduta ignóbil que se permitiu.

É certo que ninguém se lhe poderia apresentar como juiz ou cobrador, desde que haveria recursos divinos próprios para a reparação do delito. Não obstante, precipitado e em tormento, aquele infeliz tomou a clava da justiça nas mãos, tornando-se, por sua vez, delinquente também.

Eis por que, fazendo-o retornar às reminiscências dos erros praticados, ele se dá conta de que não lhe cabe agora prosseguir na insana tarefa da perseguição, porquanto somente irá agravar o quadro dos próprios padecimentos, transferindo para outra etapa aquilo que poderia ficar regularizado desde o momento do diálogo.

Noutras vezes, Entidades que na Terra exerceram situação de destaque religioso, ainda vinculadas à intolerância e ao dogmatismo, apresentam-se exigindo atenção e considerações especiais, proclamando-se mensageiros da verdade e combatendo o Espiritismo, que detestam, discutidores ferrenhos e perturbadores muito bem programados.

Diante deles, a conduta não pode ser outra, senão aquela vivenciada por Jesus diante dos fariseus e hipócritas, dominadores de um dia, enfrentando-os com humildade real, porém sem receio de qualquer natureza, demonstrando-lhes de forma simples o erro em que permanecem, apelando para o seu estado de desencarnados, no qual ainda se encontram prisioneiros dos caprichos, não havendo encontrado o céu que decantaram, nem a paz de que fingem acreditar-se merecedores.

Como o trabalho transcorre em um campo de vibrações especiais, em que a ideoplastia se manifesta com facilidade, é necessário que a mente do doutrinador se encontre em harmonia, a fim de projetar as imagens que se fazem vestidas pelas suas palavras, atingindo o alvo, que é o comunicante desencarnado.

É relevante considerar que muitos chegam portando enfermidades – ideoplásticas – que os vitimaram, apresentando-se doentes e lastimosos.

Em casos de tal natureza, o psicoterapeuta espiritual deverá utilizar-se de recursos medicamentosos e, quando a situação se apresentar mais grave, mediante sugestão bem direcionada, aplicar injeções imaginárias, que o enfermo terá ocasião de ver plasmadas e sentir-lhes os efeitos.

Em qualquer situação, a conduta moral do orientador, seu desenvolvimento espiritual e suas boas ações constituirão sempre os recursos mais valiosos para a desincumbência do compromisso, em razão das irradiações que promoverá.

Muitos dos pacientes, quando sensibilizados pelo auxílio, permanecem no recinto ou acompanham aquele que lhes ministrou os recursos, de forma a verificarem, de *motu próprio*, se quem assim se expressou vivencia o ensinamento

Terapia espírita para os desencarnados

transmitido, particularmente no caso dos obsessores e dos religiosos ainda vinculados à perversidade e ao fanatismo.

A preparação de um psicoterapeuta espiritual é demorada e cuidadosa. É necessário que seja dotado de bom sentido psicológico, a fim de facilmente detectar a problemática do comunicante, dando-se conta do melhor roteiro a aplicar em relação ao tratamento dele.

Deve aprimorar-se cada vez mais, de forma a tornar-se instrumento maleável sob a inspiração dos bons Espíritos, em realidade os responsáveis pela atividade mediúnica de socorro ou desobsessão, em razão do conhecimento que têm das causas dos acontecimentos, cujo reflexo agora se manifesta no momento da reunião dedicada a este ou aquele mister.

Serenidade, harmonia interior, conhecimento do Espiritismo e vivência dos seus postulados são condições *sine qua non* para a especialidade pretendida.

Por outro lado, a experiência haurida no próprio trabalho irá oferecer os recursos para a identificação dos mistificadores e burlões, que proliferam em ambientes nos quais encontram guarida, tratando-os com amor, porém com energia, a fim de dificultar-lhes a interferência nos programas do bem, que se comprazem em comprometer e menoscabar.

Para tanto, é indispensável que as suas sejam reuniões sérias, em que pessoas que fazem parte mantenham simpatia entre si, portadores de títulos de enobrecimento, interessadas na aquisição de maiores conhecimentos e prestação de serviços, que tenham objetivos elevados de propósitos e de ação, merecendo o amparo e o apoio dos Espíritos nobres, que somente se deixam atrair por aqueles que se candidatam à ascensão e ao crescimento íntimo.

A psicoterapia para com os desencarnados é muito valiosa, porque, ao mesmo tempo, alcança também os membros do grupo de trabalho mediúnico, estimulando-os à transformação moral e ao desenvolvimento das virtudes, pelo fato de se oferecerem ao exercício da caridade. Na condição de Espíritos, que todos somos, os desencarnados em aflição que nos visitam são invariavelmente um convite à reflexão, uma advertência ao que nos pode acontecer, caso continuemos agindo com leviandade ou insensatez, tal como ocorreu com eles.

O adestramento, portanto, é muito valioso, começando-se nas atividades mais simples, aquelas nas quais o médium realiza a educação da faculdade, a fim de bem registrar as comunicações, disciplinando o sistema nervoso e os impulsos automáticos que ocorrem durante a união dos fluidos, perispírito a perispírito, entre o Espírito e a aparelhagem especializada.

Nesse campo de identificação das ocorrências medianímicas, o futuro psicoterapeuta adquire habilidade para tratar com os desencarnados, tornando-se eficiente instrumento para realizações mais profundas, particularmente aquelas que acontecem na área das cirurgias espirituais, que são procedidas pelos mentores nos recessos do ser obsediado, quando se extraem implantes que foram executados pelos Espíritos do mal, que se aprimoram nas técnicas das obsessões.

Cada dia mais se identificam técnicas seguras, comportamentos variados, meio de atendimento mais rigorosos, de forma a diminuir as angústias e as dores que vigem no Mundo espiritual.

Todas essas Entidades que são esclarecidas nas reuniões especializadas do Espiritismo reencarnar-se-ão em melhores condições íntimas e morais, trazendo os ensinamentos que lhes ficaram arquivados na memória profunda do ser, podendo recomeçar a jornada futura mais bem preparadas para os enfrentamentos e os desafios que estão reservados.

Os psicoterapeutas espirituais constituem uma classe de dedicados servidores da Causa Espírita, em favor da Humanidade de ambos os lados da vida, necessitada de consolo e orientação quanto ao seu futuro espiritual, direcionando com segurança os passos para o dever, o amor e a plenitude que a todos aguarda.

GLÓRIA DA IMORTALIDADE

Mensagem psicofônica do Espírito Nilson de Souza Pereira, em maio de 2019, através do médium Divaldo Franco.

Queridas irmãs, amigos queridos,
Seja a harmonia íntima o estado de consciência entre nós!

Estes, como outros, são dias de imortalidade.

O Espírito, peregrino das sucessivas reencarnações, avança na direção do Sol de Primeira Grandeza, que é Jesus, a fim de superar toda a sombra que ainda permanece na sua estrutura evolutiva.

Cada dia constitui um prêmio na conquista da autorrealização.

Oportunidade perdida, ocasião que ressurge com o campo experimental.

Lutar significa desenvolver valores adormecidos que estão preparados para a ampliação das forças iluminativas.

Ninguém que logre transitar pelo mundo sem exibir as condecorações do sofrimento em diferentes matizes.

Constitui um impulso para o avanço através da solução dos hábitos perniciosos que se hão de transformar em emoções libertadoras.

Evidentemente, todos descobrimos o alto significado desses dias na face da mãe Terra, que passa de um nível evolutivo para outro, qual anjo generoso que arrasta no seu seio a família querida, parte destroçada, parte em levantamento...

Somos agraciados com o conhecimento da imortalidade e de que tudo quanto acontece na Terra tem a transitoriedade natural dos processos químicos e biológicos que constituem as formas aparentes.

O Salmo de Davi assevera que é *transitória a glória no mundo*, porque feita de ilusão, embora constitua um prêmio momentâneo ao bem proceder e ao melhor realizar.

A grande glória no mundo é aquela que faz o indivíduo vencer-se, trocando as disposições imediatistas pelos valores transcendentes do próprio ser.

Todas as filosofias do passado trabalhavam pelo bem--estar corporal, social, econômico e algumas vezes espiritual do homem no sentido da psique.

Jesus sintetizou a filosofia do amor como sendo a conquista da plenitude de todos os valores.

Estamos no grande momento decisório da nossa realização espiritual positiva ou perturbadora.

Felizes somos aqueles que escolhemos a melhor parte da lição do Senhor na casa de Lázaro em referência a Maria, que O contemplava enquanto Marta se agitava nas questões culinárias.

Não titubear entre as decisões do benfazer e do somente desfrutar.

O sacrifício de hoje é o alicerce da paz do amanhã.

O edifício luxuoso tem seus alicerces no pântano e sobre a pedra de sustentação, enquanto as nossas conquistas de natureza elevada estão ainda na terra movediça, faltando a rocha viva da fé para sustentar as colunas da nossa decisão.

Venho na condição de velho amigo exortar a solidariedade, a compreensão fraternal, o trabalho edificante na grande noite moral que se estende no planeta.

A dor do nosso próximo é o caminho da nossa evolução.

A nossa dor é o remédio da libertação.

Conscientes de que somente na vida saudável no bem e na abnegação que a caridade nos proporciona reencontraremos a meta, aquilo que todos almejamos: a plenitude.

Rogo escusas por tomar-lhes o precioso tempo, mas a saudade e o envolvimento emocional fazem-me abraçá-los e agradecer-lhes o esforço desenvolvido pela conquista pessoal.

Com muito carinho, o velho amigo,

Nilson.

Anotações

Anotações

Anotações